SANNAZ

Shayari's for a Modern Soul

D1741832

SAGAR DATTA

INDIA · SINGAPORE · MALAYSIA

Notion Press

Old No. 38, New No. 6
McNichols Road, Chetpet
Chennai - 600 031

First Published by Notion Press 2018
Copyright © Sagar Datta 2018
All Rights Reserved.

ISBN 978-1-64429-759-9

Thank you

Mrs. Arun Datta
Tina D. Bhayana
Mr. S.K. Datta

Meri hasraton ko poora kiya hai
Meri arzoo ko mumkin kiya hai
Tune shaamil hokar mujhmein
Mere jahan ko behtareen kiya hai

Dedicated to

My soul mate, family, friends and loved ones
Thank you for everything

Dear you,

Open any page that you like
Every shayari has a story to tell
One that might be yours
One that may be mine

Love,
Me

Table of Contents

Table of Contents

Preface

This book goes out to all young spirited souls who have loved 'Urdu' as a language and 'shayari' as a rich form of poetry. It's an attempt to reach out to people who think about love, life, and relationships and wish to read their feelings weaved in poetic form. The purposes behind penning down this book is to acquaint our audience, especially those who are unaware of the magic that Urdu possesses and make them discover this noble art of expressionism along with giving an opportunity to art lovers & readers for coming across another literary treat.

This book has been designed and compiled in a way that regards the standard structure of poetry books but still has been tweaked with modern and different executional attempts.

I request my kind reader's to appreciate this attempt of expressionism, celebrate the joy of understanding and correlating to every form of shayari stated with their own life incidents and humbly apologize for any grammatical mistake made being an amateur Urdu writer.

Some of my shayaris have been inspired from existing renowned poets and I offer my gratitude to them for being an inspiration to derive my content.

My Dear Reader

Aao tumhe uss jahaan mein le chale

Jahan khyaal, khyaal se milte hai

Aao tumhe uss jahaan mein le chale

Jahan jazbaat, jazbaat se milte hai

Aao tumhe uss jahaan mein le chale

Jahan dard aur khushi dono ka thikana hai

Aao tumhe uss jahaan mein le chale

Jahan mohabbat ka tera ya mera koi afsana hai

Aao tumhe uss jahaan mein le chale

Jahan kuch mere ehsaas honge

Aao tumhe uss jahaan mein le chale

Jahan kuch tere andaaz honge

Aao tumhe uss jahan mein le chale

Mere kis hunar ko na jane

Woh shayari samajh baithe

Maine toh woh alfaaz likhe

Jo usse bayan kar na saka

Love & Best Wishes,

Sagar Datta

Aye Kaash Mohabbat

Aye kaash mohabbat
Tu meri ho jati
Toh mujhse zyada khushnaseeb
Koi aur na hota

Khushnaseeb: lucky

Sochti Hoon

Sochti hoon uske khyalaat
Mujh se milte kabhi to kya hota
Kuch mein apne sawaalon ki shikayatein hoti
Kuch mein uske gunahon ka hisaab hota

Khyalaat: thoughts
Gunahon: mistakes

Jo Khudse Se

Jo khudse se na kar saka
Woh mohabbat main tujhmein dhundhta hoon

Kya Khoob Jung Hui

Kya khoob jung hui
Uss raat qudrat ke saath
Ek taraf mera chaand tha
Ek taraf kainaat ka

Qudrat: nature

Kainaat: universe

Zindagi Apni Chod Kar

Zindagi apni chod kar
Sabki rangeen lagti hai
Bas ussi andaz se
Jaise khud ki khatoon hokar bhi
Kisi aur ki mashooqa haseen lagti hai
Par kab tak dusron ki zindagi par
Nigrani rakhega barkhurdaar
Ek waqt ke baad to
Har cheez purani lagti hai

Mashooka: female

Khatoon: lady

Jane Kya

Jane kya khalish hai
Iss dil mein aye bashar
Shab kaat lee maine
Subah ke intezaar mein

Khalish: anxiety

Tere Khayalon Ke

Tere khayalon ke ghoonth peeta hoon main
Koi isse behtar nasha mujhe dede

Woh Ulajhti Rahi

Woh ulajhti rahi mere ishq mein
Main apni mohabbat se
Uski zindagi suljhata raha

Khoobsurat

Sabr se khuda ne tujhe banaya hoga
Badi shiddat se teri shakhsiyat ko sajaya hoga
Tujhe paane ki justajoo to kayi karte honge is mehfil mein
Par tujhe khuda ne kisi khaas ke liye hi banaya hoga

Shiddat: intensity

Justajoo: search, desire

Tere Intezaar Mein

Tere intezaar mein maine
Waqt se bhi baghaawat Karli
Ek kafir tu lauta
Mujhe nazarandaaz karne ke liye

Baghaawat: revolt
Kafir: disbeliever

Mujhe Khudse

Mujhe khudse itna door kar diya
Main aaj bhi apni talaash mein hoon

Kis Kaam Ki

Kis kaam ki woh mohabbat
Jismein jazbaat bhi sukh jaye
Isse behtar toh yeh hota
Mujhe kabhi ishq hota hi nahi

Jazbaat: feelings

Jin Manzilon Mein

Jin manzilon mein tere nishaan the
Ab untak jati raahen mere nahi
Jo tere khwaab hue bayaan the
Woh ab hamari khawahish nahi
Ek saath the hum hamesha
Ek waqt aisa bhi tha
Teredard mein hum shaamil na hon
Phir koi gham nahi

Ankhon Ke Sagar

Tere ankhon ke sagar mein
Doobjane ko jee karta hai
Najane kyun is dil ko
Tham jane ka jee karta hai
Jo uthti hai madmast nazar teri
Toh zamana bhi ghaur karta hai
Hum to sirf tumhe dekhte hain
Hum se zyada kaun tujhpe aitbaar karta hai
Nazron ki is shatranj mein
Kabhi hare hain tere saamne
Humein to bas tere is khel mein
Shaamil hojane ka jee karta hai
Khuda parwar se roz humein bas
Yeh dua maangne ka jee karta hai

Madmast: intoxicated

Teri Ankhon Se

Teri ankhon se nazar hati hi nahi
Aye humsafar, hum nazare kya dekhte

Humsafar: accompanier

Tujhe Jab Tak

Tujhe jab tak jaana nahi
Tujhse hi mohabbat thi
Ab tujhe jaan liya
Aur mujhe ab tujhse koi ishq nahi

Zabt

Zabt ki hadein main nahi
Parwardigartai karta hai
Hum to bas seh lete hai usko
Khuda ka hukm maankar

Zabt: tolerance

Log Kehte Hai

Log Kehte hai ki main jee raha hoon
Par koi mujh se puche zindagi ka matlab
Dikhne mein to chaandni bhi khoobsurat hoti hai
Koi chaand se puch le
Kaale nishaano ke saath jeene ka matlab

Waadiyon Se

Waadiyon se guzarti fiza
Teri zulfon ko chooti hogi shayad
Tujhe mere paas hone ki zarurat kya
Jab qudrat ne meri kami poori ki hogi shayad

Dillagi Ya Dosti

Itmenaan nahi kar sakte
Toh tasalli karlo
Dillagi nahi kar sakte
Toh dosti karlo

Itmenaan: to pacify

Paasbaan

Mera paasbaan khuda hai
Tu mujh se mera kya chheen lega
Tu apni zindagi jee aur jeene de
Waqt se pehle aur baad
Tujhe kuch nahi milega

Paasbaan: protector

Deedar

Ankhon se parda uthta
Toh uska deedar hota
Jona hota deedar
Toh intezaar hota

Deedar: sight

Ishq Muqaddar Hai

Ishq muqaddar hai
Koi khwaab nahi
Yeh woh khel hai
Jis mein har koi kamyab nahi
Jinhe mohabbat haasil hui
Unhe ungliyon par gin lo beshak
Magarjo fanaa hue
Unka ab tak koi hisaab nahi

Muqaddar: fate

Zindagi Aur Kismat

Ittiqaa kisi par na ho
Aisi qismat ki dua kar
Sirf Khuda ka asira ho to
Aisi zindagi ki dua kar

Ittiqaa: self-righteouness
Asira: chosen one

Mutaalbaat

Main zindagi se bahut kuch mutaalbaat karta
Par qismat ne khaamosh kar diya hai mujhko

Mutaalbaat: demand

Uss Adhoore Paimane Sa

Uss adhoore paimane sa hoon main
Jo teri pyaas ki talab mein khatm na hua
Aaj bhi woh jaam adhoora hi hai
Teri pyaas ko bhujhane ke intezaar mein

Talab: quest

Kheram-E-Husn

Yeh kheram-e-husn ka aalam
Behaal karta hai
Zara meri taraf gaur farma
Unn mehfil-e-aam mein

Waade

Waade kayi kiye the unse
Bas nibhana bhool gaye
Dil mein jazbaat kayi the
Bas bataana bhool gaye

Ahbaab

Mere ahbaab kayi hain ginane ko
Zamane mein kayi rang hain dikhane ko

Ahbaab: friends/lovers

Dil Ki Hasrat

Dil ki hasrat zubaan par aane lagi
Tujh se milkar, zindagi muskrane lagi
Yeh meri dosti thi ya teri qadar yun hi
Ki ab har surat mein teri surat nazar aane lagi

Mere Haathon Ki Lakeeron

Mere haathon ki lakeeron
Ke izaafe hai gawaah
Maine qismat mein khud ke
Safar shaamil kar diye

Izaafe: enhancement

Jo Taareefein

Jo taareefein meri honi thi
Woh beharhaal auron ko mil gayi
Jo tere dil mein meri jagah honi thi
Woh filhaal auron ki ho gayi

Ankhon Se Karte Hai Hum Guftagu

Ankhon se karte hai hum guftagu
Dil-e-bayaan bezubaan karte hai
Bas unki nazarein humse
Mehfil mein ek talak takra jaye
Hum to unki rooh tak
Pahuchne ka raasta Jante hai

Zindagi Tere Gham Ne

Zindagi tere gham ne
Kayi daur dikhayein
Teri khushiyon ke silsilo mein
Apne Kayi humne banaye
Woh to tu thi
To mere saath thehar gayi
Warna mere andheron mein to
Mere khaas bhi kaam na aaye

Mudaawa

Toote dil ka mudaawa dusra dil nahi hota
Usse ishq aur aawargi ne maara tha
Kisi bewafa ne nahi

Mudaawa: therapy

Dosti

Hath dosti ka
Wapas liya nahi jata
Iss nazuk rishte ko
Zakhm diya nahi jata

Pahel Tum Karo Ya Hum

Pahel tum Karo ya hum
Bas baaton ki sila reh jaye
Dil-e-bayaan tum Karo ya hum
Bas andaaz-e-bayaan reh jaye
Humein to deedar karna unka hai
Jo ek baar hamare paas aakar
Yahi reh jaye

Na Badle Ho Tum

Na badle ho tum
Na hum badalna chahte the
Dastoor hai taqdeer ka
Rahe hum aur tum
Hum nahin

Dastoor: routine

Sitaaron Bhari Shaam Ho

Sitaaron bhari shaam ho
Inn hathon mein ek jaam ho
Shab aaye toh subah na ho
Tera diya waqt mujhe
Khatamna ho

Jee Lo Zara

Kyu zindagi ko dhuyein mein udate ho roz
Isko jee toh lo pehle puri tarah
Jo cheez sehat ke liye muzhar hai
Usse ek baar chodh toh do
Aur jee lo zara

Har Baar Tumhein Izhaar Karein

Har baar tumhein izhaar Karein
Yeh mumkin nahin
Kai baar ankhein chaar karein
Yeh zaroori to nahin
Tum ho wahi zindagi mein
Jahan tumhein rakha tha
Har baar yeh dil bayaan kare
Yeh zaruri to nahin

Tabassum

Tere tabassum ke liye
Main subah ko shaam kardun
Teri hasraton ke liye
Main dono jahaan ek kardun
Tu meri ho jaye
Iss khyaal se aahein bhar raha hoon main
Jo tu na mili
Toh main apni jaan nisaaar kardun

Tabassum: happiness

Main Darbardar Dhundhta Raha Bahane

Main darbardar dhundhta raha bahane
Tujhse door hone ke
Ek meri qismat thi kambhakhth
Jo mujhe phir teri dehleez par le aayi
Socha tha kayi mauke honge tujhse bichadh jane ke
Ek teri talab thi
Jo phir mujhe tere paas le aayi

Ek Main Hoon

Ek main hoon khudko mitane ke junoon mein hoon
Ek tum ho mere jeene ki umeed baandhe hue

Mauquuf

Tera gham hai dar haqeeqat
Mujhe zindagi se pyaara
Tujh par mauquuf hoon main
Tu hai mere jeene ka sahara

Mauquuf: dependent

Dil Ke Kareeb Hai Tu

Dil ke kareeb hai tu
Dhadkan bhi tere naam se dhadakti hai
Meri sanson mein tera naam basa hai
Bas ek meri rooh hai
Jo tere paas hone ka Intezaar karti hai

Aye Kaash Maine

Kitna waqt guzara
Yun tujhe apna banane mein
Aye Kaash maine
Tujhe bhula hi dia hota

Peene De Mujhe Besabab

Peene de mujhe besabab
Yeh koshish bhi aaj puri ho
Shayad jo sukoon ishq ne na diya
Woh sharab se haasil ho

Besabab: without cause or reason

Hurmat-E-Zindagi

Hurmat-e-zindagi jeena chahta hoon
Wafa aur sach ki qeemat jaanta hoon
Bas yahi dono ki zarurat hai mujhe jahaan mein
Warna apne aap se izzat kamana jaanta hoon

Tera Zikr

Ek din nahi guzarta teri yaadon ke bina
Ek shaam nahi dhalti tere khyaalon se
Woh to shab hai jo tere zikr ka intezaar karti hai
Tabhi waqt guzar jata hai
Terena hone se

Woh Badal Jate The Yunhi

Woh badal jate the yunhi
Kuch mohabbat ke pal bitane ke baad
Hum toh un lamho ko hi
Ishq ka moajiza samajh baithe

Moajiza: miracle

Zaruri Nahi

Zaruri nahi ki har fasaana hi takmeel ko pahuche
Kuch qisse adhoore hi ache lagte hai

Takmeel: completion

Ek Khwaish Hai Meri

Ek khwaish hai meri
Tu badal jaye pehle ke tarah
Jaisa tha tu
Bas phir waisa ho ja ek baar phir
Tujhe jee bhar ke paa loon main yun
Pehle ki tarah

Ittifaqi

Aaj phir maine ek ittifaqi ghalti kardi
Tujhe phir yunhi yaad karke

Ittifaqi: accidental

Har Baar Unhi Se Rubaru

Har baar unhi se rubaru
ho jata hai hum aajkal
Agar issi ko ishq ka ishara kehte hai
Toh yeh ittifaaq acha hai

Aap Se Acha Toh Maine

Aap se acha toh maine
Mahtaab se hi ishq kiya hota
Kam se kam tasalli toh hoti
Ki koi har raat mera intezaar karta hoga

Mahtaab: moon

Kabhi Sochti Hoon

Kabhi sochti hoon
Phir milenge toh kya hoga
Main phir tumhe apnaungi
Tum phir mujhe aazmaaoge

Wafa Ki Umeed

Wafa ki umeed
Tujhse kya karte aye bashar
Tune toh khud ko bhi kabhi
Bewafayi ke layak samjha tha

Tumne Qayaas Mein

Tumne qayaas mein
na jaane kiya kiya soch liya
Humne do lafz pyaar ke kya boldiye
Tumne yunhi humko tumhara aashiq samajhlia

Qayaas: presumption

Usse Zar Se Aisa Ishq

Usse zar se aisa ishq hua ek roz
Ki woh bhul hi gaya tabse
Ki Jazbaat kya hai

Zar: riches

Tu Shama Ki Tarah

Tu shama ki tarah mere khalayon mein jalti rahi
Main ek lau ki tarah tere Intezaar mein jalta Raha
Tu woh Hasrat thi jo puri ho na saki
Main woh lamha tha jo tere waqt se guzarta raha

Shama: candle

Lau: candle flame

Hasrat: desire

Kabhi Khudse Mulaqaat

Kabhi khudse mulaqaat karni ho toh batana
Main tujhe aaina dikha dunga
Khud apne aap ko
Tujhmein badalkar

Mere Zameer Ko Qubool Na Tha

Mere zameer ko qubool na tha
Warna khudgarz toh ek zamane mein hum bhi the

Zameer: consciousness

Takhayyul

Takhayyul mein bhi na socha tha
Aapko paane ka
Aur aaj dekhiye
Aap saamne haazir hai

Takhayyul: imagination

Safha

Aakhri safha par tera naam likha hai
Zindagi mein teri jagah khaas hogi
Tera zikr zarur hoga sar-e-aam
Jab bhi meri shayari ki baat hogi

Safha: page

Yeh Ankhon Ka Saraab Hai

Yeh ankhon ka saraab hai
Ya mera deewanapan
Mere mehboob mujhe
har ek chehra, tera hi lagta hai

Saraab: mirage

Tujhse Dil Lagakar

Tujhse dil lagakar
Main barbaad ho gaya
Pehle toh sirf nadaan tha
Ab aashiq ho gaya

Kahan Socha Tha

Kahan socha tha
Aapke ishq mein
Jannatein neseeb hongi
aap toh humein yunhi
Dozakh ka pata bata gaye

Dozakh: hell

Kya Jaane Kya Nasha Hoga

Kya jaane kya nasha hoga unmein aye bashar
Hum toh chilman se sirf unki nigahon ko dekhkar
hi deewane ho gaye

Ab Kise Hosh Hai

Ab kise hosh hai
Sehar ka ya shab ka
Ishq hua hi kuch aisa
Ki waqt ka thikana nahi

Toh Kya Hua

Toh kya hua
Agar tum aur hum ab saath nahi
Tera humsafar na ban saka
Toh ek afsana hi sahi

Afsana: tale
Humsafar: fellow traveller
Afsana: tale

Tujhe Dekhkar Mujhe

Tujhe dekhkar mujhe
Yakeen har baar hota hai
Kitni shiddat se khuda ne tujhe banaya hoga
Tu aakhir bani hai mere liye
Par usne bhi galti se tujhse kabhi
Yunhi ishq farmaya hoga

Shiddat: intensity

Kaash Usne Mujhpar

Kaash usne mujhpar
Ek aur ehsaan kiya hota
Dil se toh nikal chuka tha
Mere haafiza se bhi guzar gaya hota

Haafiza: memory

Aaj Saaqi Se Sirf Maine

Aaj saaqi se sirf maine
Ek guzarish ki thi
Ki jab tak usse bhuloon nahi
Woh paimane haazir karta rahe

Saaqi-cup bearer

Chaar Din Ki Chaandi Hai

Chaar din ki chaandi hai
Chalo kuch pal ke liye
Mere andheron mein
Roshni hi sahi

Kaash Ek Shaam Aisi Bhi Ho

Kaash ek shaam aisi bhi ho
Tu meri ankhon mein ghum rahein
main tere ghesuuon mein uljha rahun

Ghesuu: tresses

Kuch Cheezon Ki Kimat

Kuch cheezon ki kimat
unki talaash tak hi thi shayad
Milne par woh bhi
Ek afsana hi ban gayi

Agar Maazarat Maangne Se

Agar maazarat maangne se
Gunahon ko yunhi mita sakte
Toh shaitaan ko bhi jannat mein
Yunhi ek aashiyan naseeb hota

Maazarat: apology

Kuch Toh Hai Tujhse Raabta

Kuch toh tha aapse raabta
Ki qismat ne humein
Yun rubaru kardia

Raabta: contact
Rubaru: face to face

Noor

Woh kehte hai mujhmein
ab koi noor nahi
Kaash unhone kabhi humko bhi
Khush hone ki wajah di hoti

Noor: feeling of satisfaction

Yeh Kya Kiya Aapne

Yeh kya kiya aapne hamare saath
Nisf ishq farmaya, aur yunhi chal diye

Nisf: half

Hum Kayi Tareeke Aazmaayenge

Hum kayi tareeke aazmaayenge
Tere kareeb aane ke ek uzr ke liye
Hum ishq tujhse har baar farmayenge
Tere yakeen karne ke ek khyaal ke liye

Uzr: excuse

Raghbat

Dekha palat kar usne
Ki raghbat usse bhi thi
Humne jisse ishq farmaya tha
Mohabbat kabhi humse usse bhi thi

Raghbat: affection

Khwaabeeda

Khwabeeda zindagi
Khwabeeda rishte
Koi asliyat se bhi kabhi
Humari mulaqaat karade

Khwaabeeda: dreamy

Kya Ghazab Ishq Kiya Tha

Kya ghazab ishq kiya tha
Aapne hamare saath
Dil jodne ka faisla bhi aapka
Aur dil todne ka bhi

Dil Kisi Pe Nisaar Kar Baithe

Dil kisi pe nisaar kar baithe
Khuda ka jeena dushvaar kar baithe
Ab roz is khyaal mein jeete hai
Aye khuda yeh hum kya kar baithe

Nisaar: offering
Dushvaar: difficult

Jahaan E Diigar

Door ek jahaan-e-diigar hai
Thoda tera sa
Thoda mera sa
Jo iss jahaan mein na mile
Toh yakeenan uss jagah milenge

Jahaan e diigar: other world

Kyu Dhuye Mein Yun

Kyu dhuye mein yun
Har pal ko jee rahe ho
Zindagi toh jee lo usse pehle
Kahin woh na raakh ho jaye

Zamana Kharab Hai

Apni galtiyon par
daal kar parda
Har shaks keh raha hai
Zamana kharab hai

Kisi Ki Zindagi

Kisi ki zindagi uthakar dekhle
Dard mil hi jayegga
Waqt shayad alag ho
Zakhm phir bhi mil hi jayega

Talaash

Kaash tu hi hota meri zindagi mein
toh hazaroon mein phirse
tujh jaise ki talaash na hoti

Khoobseerat

Khoobsurat tu ho na ho
Fark nai padta
Khoobseerat na hui
Toh jeeyenge kaise

Khoobseerat: a good character

Talab

Kya talab kya khwaish
Sab bekaar hai tere saamne

Talab: desire

Unhone Pucha

Unhone pucha
Tajurba kahan milta hai
Humne kaha
Ibraton se pucho
Unhone kaha
Fitoor kahan milta hai
Humne kaha
Mohabbat se pucho

Ibraton: incidents that teach us lessons

Tajuraba: experience

Fitoor: madness for something or someone

Shayari

Khiyalon se lipti
Ek arzuu hi sahi
Dil se nikli
Ek justajoo hi sahi
Mohabbat ki fiza ka
Ek haseen naseem hi sahi
Dard mein doobi
Ek dastaan hi sahi
Kuch ke liye mehaz alfaaz hai yeh
Mere liye 'shayari' hi sahi

Arzuu: desire

Justajoo: quest

Naseem: gentle breeze

Kaash Aisa Bhi Hota Kabhi

Kaash aisa bhi hota kabhi
Main sapne dekhti
Who asliyat mein tabdeel hote
Sochiye aisa agar hota
Toh kya hota

Tabdeel: change

Dil Se Tamanna Hai

Dil se tamanna hai
Tujhe zindagi ki har khushi mile mere baad
Phir sochta hun
Tere diye ghamon ka hisaab kaun pura karega

Jaam Nosh Farmaya

Uss shaam unhone jaam nosh farmaya
Yeh kehkar ki woh aakhri baar hai
Har shaam phir woh
Yahi baat dohrate rahe

Jaam nosh farmaya: had a drink

Yun Hota Toh Kya Hota

Zindagi guzardi humne
yeh sochkar rozana
Yun hota toh kya hota
Tu hota toh kya hota

Besabab Yaad Aate Ho Tum

Besabab yaad aate ho tum
Kayi martaba khyaalon mein aate ho tum
Mujhe bandagi hai tujh se
ya teri tishnagi hai shayad
Ki furqat ke baad bhi
mukhtasar mulaqat ke armaan jagaate ho tum

Besabab: without cause or reason

Tishnagi: desire, longing

Furqat: absence

Mukhtasar: short meeting

Aksar Log Puchte The

Aksar log puchte the
Tum shayar kaise ban baithe
Humne bhi jawaab mein bayaan kardia
kuch khyaalon se yunhi mulaqaatein hoti rahi
Hum unhe haseen lafzon mein utaarte gaye

Mahroom

Aapko kya pata dard Kya hai
Aap kabhi khushi se mahroom jo na the

Mahroom: deprived

Mohabbat Hai Tum Se

Agar tere intezaar mein waqt ka lihaaz na ho
Toh haan mohabbat hai tum se
Agar tere bina jeene se zindagi beshak zindagi na ho
Toh haan mohabbat hai tum se
Agar tujh par markar bhi dillagi se bandagi ho jaye
Toh haan mohabbat hai tum se
Agar tere zikr se mere chehre par khushi cha jaye
Toh haan mohabbat hai tum se
Hai iqraar aur aitbaar bhi is baat ka mujhe
Ki fanaa ho jane ke baad bhi
Kal aaj aur kal
Mujhe pyaar hai tum se

Woh Ajnabee

Woh ishq ke junoon mein kaafir bhi hai
Aur insaaniyat ki shaan mein shamil bhi hai
Woh chiragh ek akela jalta hai
Apnon ki ankhon ke base noor mein bhi hai
Ek lamha nahi thaherta woh
Jab qayamat us par barasti hai
Dil jeetne ke fun se woh waqif hai
Shayad isliye duniya uske saath ko tarasti hai

Kaafir: sweetheart

Rifaaqat

Rifaaqat ka zikr tab karna humse
Jab thaamne ka iraada ho
Hum aapke bankar tab rahe
Jab hamare darmiyaan koi vaada ho

Rifaaqat: companionship

Yeh Kya Haseen

Yeh kya haseen
Hum bhool kar baithe
Puri intehaan se sirf aapke jism ko chahne ka iraada tha
Na jane kab aapke nafs se ishq kar baithe

Intehaan: extremity
Nafs: soul

Yun Hi

Yun hi bewaqt ankh se phir yeh ashq nikla
Ki kyu raqeeb mera
mera hi sabse qareeb nikla

Raqeeb: enemy

Sahi Waqt

Sahi waqt aane par kara denge
Hadhon ke Ehsaas
Kuch talaab filhaal khudko
Samandar samajh baithe hai

Ikhlaas

Jis mohabbat ke bazaar se mere liye
Kabhi aapne thode vaade kharidey the
Kaash wahi se aap
thoda ikhlaas bhi le aate

Ikhlaas: sincerity

Muqabil

Kabhi muqabil mulaqaat hui aapse zindagi mein phir
Toh hoga kuch aisa hi shayad
Main phir roklungi khudko ek aur baar
Tum iss baar bhi mujhe paane ki khwaish rakhoge

Muqabil: face to face

Manzilon Ke Khwaab

Manzilon ke khwaab dikha kar
Woh humsafar raaste par hi chorr gaya
Hum intezaar mein hasratein kaat te rahe
Woh kisi aur ka humdum ho gaya

Jis Kisi Ke

Jis kisi ke muqqadar mein tu hai
Usse zindagi Mubarak
Hum toh jee lenge ta umra
Teri yaadon ke ghulistaan mein

Pehli Mohabbat

Maine toh mohabbat sirf ek baar ki thi
Phir har baar ishq yunhi kiya tha
Uss pehli mohabbat ko bhulane ke liye

Qaasid

Mere qaasid ko kehdo
Mera paigaam leta jaye
Chahe unke liye ishq ka
aakhri Khat hi sahi

Qaasid: messenger

Ab Toh

Ab toh nafrat si ho gayi hai
Mohabbat ke naam se
Ishq tha hi aisa mera
Jisne barbaad kar dia

Yeh Toh Sach Hai

Yeh toh sach hai
ki maine mohabbat ki hai
Khud ko bhool kar
Tujhse beintehaan ki hai
Agar zamane ko lage
Mere ishq ne mujhe badal diya
Toh haan phir maine
Zamane se baghavat ki hai

Woh Bhej Rahe Hai Khat

Woh bhej rahe hai khat
Hamare naam ke
Itna bhi nahi jaante
woh pata hamara hai bhi ki nahi

Humein Toh Laga Tha

Humein toh laga tha
Humare beech koi nahi ayega kabhi
Na jaane kab faaslo ne
Yunhi dakhalandazee kardi

Khwabeeda Sapne

Khwabeeda sapne
Khwabeeda umeedein
Kaash inko jee lete
Yeh khyaal Acha hai

Milenge Tum Se

Milenge tum se Kabhi
Agar aaj nahi to kal
Karenge tumhe yaad
Iss pal nahi to us pal
Jo rahe saath to theek hoga
Jo bichde to naseeb hoga
Par milenge phir tumhi ko
Agar is zameen par nahi
toh aasmaan ke paar
Khuda ke dar par sahi

Toh Kya Hua Agar

Toh kya hua agar
meri mohabbat ka anjaam woh na thi
Iska matlab yeh toh nahi ki mera ishq
ishq nahi tha

Anjaam: result/consequence

Mujhe Bhulana

Mujhe bhulana
Teri fitrat hogi
Meri baat alag hai
Maine mohabbat ki thi

Fitrat: nature

Hamari Mulaqaton Ko

Hamari mulaqaton ko multawi karte rahe tum
Ab mahshar se hi umeedein baandhi hai
Jo tum na kar sake
woh faisla shayad khuda karega
Iss zindagi ne to sirf tum se
rubaroo hone ki ek zid thani hai

multawi: postpone
mahshar: day of judgement

Aaye To The Hum

Aaye to the hum un galiyon mein yeh sochkar
ki dawatein Kayi hongi
Kya pata tha ki ta umr ka paigaaam dawat-e-mulaqat
mein tabdeel ho jaye
Mile to kayi the un raaaston mein humein
Kya pata unki manzil hamara muqaam ho jaye
Socha tha ki shikayat unse nahi rahegi humein
Parna jane woh mulaqat ke liye nahi bulate
Shayad is baar ek koshish se hi sahi,
Hamari gustaakhiyon ka izhaar ho jaye

Tabdeel: change

Afreen

Tere liye sitare bhi laana
mushqil hoga aasmaan se
Tu afreen itni hai
Ki sitare bhi sharminda honge aane se

Afreen: beautiful

Aadatan

Aadatan tumne Hidayatein dedi
Aadatan Humne sunn lia

Aadatan: by habit
Hidayatein: guidance

Ek Tu Hai

Ek tu hai, jo hai
jo tu na ho
to main nahi
Jo tu ho, to main Kya hoon
jo main hoon, woh tu hai nahi
Jo tum aur main, hum ho gaye
to Kya humsafar ban payenge
Jo hum agar tere hokar bhi tere na huye
to Kya hum hamesha dil se tumhe humara keh payenge
Aur Jo hum aur tum ab saath rah gaye
to aitbaar kar, hum sirf rehnuma ban jayenge

Rehnuma: Guide

Teri Har Khwaish Ko

Teri har khwaish ko khushi se mukammal karenge
tu farmaish karna hum qubool karenge
Dillagi ki hai tujhse toh nibhayenge zarur
kabhi na kabhi, hum kahin toh milenge

Tallukat

Kya ajeeb tallukat tha hamara
Na zamane ko dikha sakte the
Na khudse chupa sakte the

Tallukat: relationship

Tamaam Shauhrat

Tamaam shauhrat
Tamaam daulat lelo
Bas badle mein mujhe ek qatra
Sukoon dekar

Shauhrat: fame
Daulat: money
Qatra: drop

Hum Toh Likhte Rahenge Ta Umar

Hum toh likhte rahenge ta umar
koi na koi dastaan aye haseen
Musafir khud aa jayega meri dehleez par
Agar mera raasta uski manzil hoga

Jo Paas Yun Hai Mere

Jo paas yun hai mere
un se doori si lagti hai
Jo nahi hai qareeb mere
unki kami si lagti hai
Kyu jeena hai kuch ke bina,
mere dil ke liye namumkin
Unke hone bina ab jeena
ai dil hai mushkil

Shayar

Shayaron ko mehfil ki nahi
mauqe ki talaash hoti hai
theek uss tarah jaise lafzon ko zubaan ki nahi
qadardaan ki talaash hoti hai
kehno ko to har shayar
mushayaron ke laayaq hota hai
par mukarrar layaq shayari
toh toote dil se hi nikalti hai

Ek Zamana Tha

Ek zamana tha
Jo mujhe samjhaane chala tha
Ek main tha
Jo zamane ko samajhne nikal pada

Ta Umar Bashar

Ta umar bashar yeh bhool karta raha
Sukoon khud mein tha
Khushi baahar dhoodndhta raha

Ek Roz Mohabbat Ne

Ek roz mohabbat ne mujh se pucha
Ki khatm hue ishq ke jeene ki raza kya hai
Toh humne bhi paimane ki taraf rookh kar liya aur kaha
Tere sawal puchne ki wajah kya hai
Jawab mein usne dastaan-e-dard sunayi to mehsoos hua
Ki ishq ke junoon mein majnun kis tarah mashhoor hua
Kaise laila ne di qurbani intezaar mein jeekar
Par pyaar phir bhi hokar
Ishq mukhammal naa hua
Iss baat par ghaur kar
yeh humko bhi ilm hua
Ki bikharkar bhi umeed thi
Toh woh pyaar nahi junoon tha
Isliye ishq ko apni sachi mohabbbat par
itmenan aur ghuroor tha
Thi shayad yahi wajah
ki woh jee raha hai ab tak
Yaqeen hai usko aaj bhi
dafnahokar bhi zinda hone ka

Jo Haasil Na Hui

Shayad mere na hone par
Mujhe tere khyalon mein jannatein haasil hogi
Jo panah tere dil mein
Mere hone par na mili
Woh shayad mujhe
Mere na hone ke baad haasil hogi

Kambakht Tum Badle

Kambakht tum badle
toh woh hamara naseeb hota hai
Aur agar hum badle
toh woh bewafai ka aalam hota hai
Tere hone ya na hone se
iss dil mein teri jagah koi nahi lega kabhi
Tujhe is baat ka yaqeen ho jaye
humein toh bas is pal ka intezaar rehta hai

Kaash Meri Aankhon Ko

Kaash meri aankhon ko
Tere deedar ki dua na maangni pade
Kaash kabhi mere kaano ko
Tere aahat ka ehsaas na ho
Kaash mere dil mein
Tujh se milne ki justajoo na jage
Kaash mere honton par
Tere liye koi fariyaad na ho
Yeh meri khudgarzi nahi
Meri deewanagi hai tere liye
Ki tu kabhi door jaye hi na
Aur in sab mannaton ki zarurat hi na ho

Mera Waqt

Mera waqt mayassar hai tere liye beshak
Tere bulane par
Meri haazri badastoor rahegi
Tujhe qeemat pata ho kaash
Meri koshish ki
Bas tujhse itni si justajoo rahegi

badastoor: as usual

Tu Meri

Tu meri aadat bhi hai
Meri zarurat bhi
Tu mere dil ke qareeb hai
Par nazron se door bhi
Tere bina guzra har pal
Ek intezaar sa lagta hai
Tere saath bitaya hua har waqt
Ek haseen khwaab sa lagta hai

Hum Kehte Hai Sach

Hum kehte hai sach
Par unhein sirf jhooth lagta hai
Hum izhaar-e-dil karte hai
Par unko sirf hamara andaaz-e-bayaan dikhta hai

Dil Se Re

Toote dil se niklegi to baddua hogi
Sache dil se niklegi to dua hoga
Lafz to sirf bayaan karne ke taur tareeqe hai
Asliyat to waqt aur halaat ke hone par hi bayaan hogi

Socha Ki Tujhse

Socha ki tujhse mulaqaat hogi
Iss khyaal mein maine shaam-o-Sehar ko apna samajh liya
Par shayad woh teri khudgarzii hogi
Tuneuss intezaar ko ek ittefaaq samaj liya

Humko Zarur Aazmana

Koi takleef aa jaye tujhe
Hum se na chupana
Saath na de agar zubaan
Toh ankhon se batana
Har ghadi denge saath tera
Tu kabhi akela na hoga
Agar ulfat ki hai hum se
Toh humko zarur aazmana

Jahaan Mein Har Jaam Ka

Jahaan mein har jaam ka ek apna nasha hota hai
Par aakhir aab ki talab se hi pyaasa khush hota hai

Aab: water

Tujh Se Nahi

Tujh se nahi
teri rooh se mohabbat thi humein
Tere chehre se nahi
teri dil se dillagi thi humein
Duniya ne toh tere zindagi ke andaaz ko pasand kiya
Par tere har jeene ke saleeqon se chahat thi humein

Saleeqa: knack, skill

Teri Chahat Mein

Teri chahat mein
Main kuch aur ban gaya
Tera hone ke liye
Main har hadh paar gaya
Kabtak main jeeyunga
Kisi aur ki tamanna
Isliye aaj khud hi
Main pehle jaisa ban gaya

Tere Haath Alag

Tere jazbaat kuch mere jaise
Mere haalat kuch tere jaise
Hain apni qismat ki baat alag
Tere haath alag, mere haath alag

Dil Dhadakne Do

Main so gaya toh meri palko pe
Apne haseen hoth rakh dena
Hoga tujhe bhi phir ehsaas ki
Ankhon tale bhi dil dhadakta hai

Ek Aur Bohot

Zindagi ek hai
Log bohot hai
Hamsafar nahi koi
Hamdard bohot hai
Dil ki lagi
Ab lagaye kis se
Rooh kam
Chehre bahut hai

Chahaton Ko Qaboo Karna

Chahaton ko qaboo karna
Shayad mere bas mein na ho
Dil jabse diya hai maine
Apne us parwane ko

Aye Zindagi

Koi be sabr rota hai
Koi be khabar sota hai
Aye zindagi tere khel mein
Na jaane kya kya hota hai

Khyaal Aur Khawab

Khyaal aur khawab ache lagte hai
Thode waqt ke liye hi sahi, par sache lagte hai
Nahi to duniya kahan sukoon se jeene deti hai
Isliye hum apni hi duniya mein, khud ko masroof rakhte hai

Socha Ki Tujhse

Socha ki tujhse mulaqaat hogi
Iss khyaal mein maine shaam-o-Sehar ko apna samajh liya
Par shayad woh teri khudgarzii hogi
Tuneuss intezaar ko ek ittefaaq samaj liya

Ye Hausla

Hausla rakh aye dil
Jo chorr gaya woh tera kaha tha
Abhi toh puri zindagi baaki hai
Phir kisi ko apna banane ke liye

Zindagi Mein

Zindagi mein kayi daur ayenge
Kuch se tajurba hoga
Kuch se nasiyat milegi

Kaash Kuch Aisa Ho Jaye

Kaash kuch aisa ho jaye
Ki raasta khatm hi na ho
Yeh manzil hi na mile kabhi
Badi mushkil se woh
Raazi hua hai Saath chalne ko

Ishq Ke Vaade

Ishq ke jhoothe vaade karna
Toh koi aapse seekhe
Kehne ko hazaaron lafz
Nibhane ka ek iraada bhi nai

Dil Toh Sirf

Dil toh sirf sukoon ki talaash mein hai
Zariya kaisa bhi ho toh kya

Ghair Mutawaqa

Ajeeb ho tum
Ghair mutawaqa tumhare andaaz hai
Yaad karne ke liye sau shikayatein
Maaf karne ke liye ek wajah bhi nahi

Ghair mutawaqa: unpredictable

Tere Ghesuon Mein

Tere ghesuon mein shaam dhal jaye
Teri baahon mein din nikal jaye
Aisi Mohabbat ki justajoo ho
Toh galat hai kya

Nigahein

Nigahein thi aapki jo sab bayaan kar gayi
Alfaaz hote aapke toh mukar gaye hote

Koi Kaise Tujhe Samajhta

Koi kaise tujhe samajhta
Tu koi khuli kitaab toh nahi
Koi kaise tujhse ishq farmata
Tu har ek ki mohabbat toh nai
Intezaar kar uska
Jo tere liye bana hai
Woh ek roz aayega zarur
Abhi tune hausla khoya hai
Apni Umeed toh nahi

Hausla: courage
Umeed: hope

Ruhaniyat

Jab insaniyat se hosh kho baitha
Maine ruhaniyat ke taraf rukh kar liya
Pehle duniya se sabaq aur saleeqa seekhna tha
Ab ibadat se apne waqt ka musalsal rishta kar diya

Ruhaniyat: soulfulness
Musalsal: continuous, linked

Roz Jalta Hai Dil

Roz jalta hai dil
Teri bawafayi ko yaad karke
Phir yunhi rooh ko sukoon dene
Meri beintehaan mohabbat aa jati hai

Yeh Khoob Hua Mere Saath

Yeh khoob hua mere saath
Ki aap aaj dil tod gaye
Filhaal thodi takleef dedi
Par tamaam umra ke liye sukoon chod gaye

Iztiraab

Iztiraab mein beet jata hai waqt
jab tu mujh se rooth jata hai
Aghlaat kayi yaad aate hai mujhe
aur dil toot jata hai
Tere lautne mein sehar aur shaam
dono beet jate hai
tere aane par mera waqt
phir se yunhi sambhal jata hai

Iztiraab: restlessness
Aghlaat: mistakes

Bhuladoge Mujhe

Bhuladoge mujhe
Yeh tum rozana dohrate ho
Kaash mujhe yaad karne ki
Ek wajah bhi paas rakhlete

Tu Bas Gayi Hain

Tu bas gayi hain
Meri saanson mein kuch iss tarah
Ki tu ab ismein shaamil na ho
Toh yeh dil bechain sa rehta hai

Quwwat Paa Lene Se

Quwwat paa lene se
Insaniyat nahi panapti
Khauf le aane se
Hakamiyat nahi sambhalti
Jo tere bas mein hai
Utna hi nibhale zindagi mein,
Kyunki qismat ki har baazi
Teri baazi nahi hoti

Quwwat: strength, power

Uss Khuda Ka

Uss khuda ka har faisla
Sar ankhon par
Woh ek hai
Jo kabhi mujhe naraaz nahi karta
Uski saza bhi
Sar ankhon par
Woh ek hai
Jo mujhe ruswa nahi karta
Uski ibadat karna
Ek farz jaisa hai

Mohabbat Bhi Khud

Mohabbat bhi khud
Sahi waqt pe hogi
Jab ishq hoga mujhe
Toh usse paane ki saazish mein
Puri kayanaat bhi mere saath hogi

Tujhe Is Qadar

Tujhe iss qadar paana chahta hoon
Ki kabhi tere khone ke darr na ho
Tujhe is qadar apna banana chahta hoon
Ki tujh se anjaan hone ka gham na ho

Tere Ishq Ko

Tere ishq ko toh main afsoon maan baitha
Na jaane woh kab deewangi ban gayi

Afsoon: magic

Deewangi: madness

Khamyaaza

Tere ishq mein intezaar
ek khamyaaza hi sahi
Teri yaadon ki gulistaan mein
hum bhi waqt guzar lenge

Khamyaaza: punishment

Koi Fariyaad

Koi waada nahi kiya tune phir bhi intezaar hai
Tere aane ka yaqeen aur jaane ka dard beshumaar hai
Tere chehre ki udasi de rahi hai gawahi
Mujhsemilne ya guftagu karne ko
Ab bhi tu beshak beqarar hai

Woh Ajnabee

Woh ishq ke junoon mein kaafir bhi hai
Aur insaaniyat ki shaan mein shamil bhi hai
Woh chiragh ek akela jalta hai
Apnon ki ankhon ke base noor mein bhi hai
Ek lamha nahi thaherta woh
Jab qayamat us par barasti hai
Dil jeetne ke fun se woh waqif hai
Shayad isliye duniya uske saath ko tarasti hai

Kaafir: sweetheart

Aab-E-Chashm

Aab-e-chashm bahana fizool ho gaya
khud ko aasim samajhna kam ho gaya
Jab se aazad hua main, teri dikhayi duniya se
Main tujhse kam, khud se zyada qareeb ho gaya

Kaash Aisa Bhi Hota Kabhi

Kaash aisa bhi hota kabhi
Main sapne dekhti
Who asliyat mein tabdeel hote
Sochiye aisa agar hota
Toh kya hota

Tabdeel: change

Aapko Mujhse

Aap na humse ghila karte
Na koi shiqwa karta
Hamari majboori ko
Agar aap ek dafa khud samajhte

Agar–Magar

Din hai agar
toh raat bhi hongi
Badal chaaye hai to yaqeenan barsaat bhi hogi
Judai ka gham mat karna
mere dilbar tu kabhi mujh se
Jo dur hai hum aaj
toh kal mulaqat bhi hogi

Hasratein

Hasratein roz aati hai mujhse Milne raat ko
Ek haqeeqat hai
Jo subha aake unhein phir le jaati hai

Hasratein: unfulfilled desires

Ikhlaas

Jis mohabbat ke bazaar se mere liye
Kabhi aapne thode vaade kharidey the
Kaash wahi se aap
thoda ikhlaas bhi le aate

Ikhlaas: sincerity

Jinse Tu Mila Hai Ab Tak

Jinse tu mila hai ab tak
Tere layaq unmein se koi na tha
Woh ishq jis waqt hua tujhe
woh waqt tera waqt na tha
Tu kisi khaas ki amanat hai
Tu khuda ki bani inayat hai
Isliye sabko tujhse sirf uns hua
Kabhi kambakht ishq na hua

Inayat: kindness, grace, solicitude and blessing
Uns: attachment, friendship

Hasratein

Hasratein roz aati hai mujhse Milne raat ko
Ek haqeeqat hai
Jo subha aake unhein phir le jaati hai

Hasratein: unfulfilled desires

Hasratein

Hasratein roz aati hai mujhse Milne raat ko
Ek haqeeqat hai
Jo subha aake unhein phir le jaati hai

Hasratein: unfulfilled desires

Ikhlaas

Jis mohabbat ke bazaar se mere liye
Kabhi aapne thode vaade kharidey the
Kaash wahi se aap
thoda ikhlaas bhi le aate

Ikhlaas: sincerity

Maine Khudko Haazir Kar Liya

Maine khudko haazir kar liya teri zindagi mein
tujhe apna samajhkar
Tune qaid kar liya apni duniya mein mujhe
ek aadat samajhkar

Kya Ajeeb Insaan The Tum

Kya ajeeb insaan the tum bhi, main kya kahun
Ta umra akela kar diya mujhe, khalwat ka bahaana dekar

Khalwat: privacy

Kyu Zindagi Ko Dhuyein Mein Udate Ho Roz

Kyu zindagi ko dhuyein mein udate ho roz
Isko jee toh lo pehle puri tarah
Jo cheez sehat ke liye muzhar hai
Usse ek baar chodh toh do
Aur jee lo zara

Teri Dosti Hum

Teri dosti hum is tarah nibhayenge
Tum roz khafa hona
hum roz manayenge
Jo na mane humse
toh saza hi de dena beshak
Hum to use bhi dua maankar
ta umar nibhayenge

Har Din Koi Saath Ho

Har din koi saath ho
Zaruri nahi
Kisi bhi pal mulaqaat ho
Yeh mumkin nahi
Kabhi Khud se rubaroo hona chahiye aye bashar
Kyunki tum se zyada tumhare liye koi khaas ho
Yeh zindagi Ki haqeeqat nahi

Rubaroo: face to face

Dil Ke Kareeb Hai Tu

Dil ke kareeb hai tu
Dhadkan bhi tere naam se dhadakti hai
Meri sanson mein tera naam basa hai
Bas ek meri rooh hai
Jo tere paas hone ka Intezaar karti hai

Hum Bhi To Hain Is Jahaan Mein

Hum bhi to hain
Iss jahaan mein
Pal bhar sahi
Teri dastaan mein
Kabhi tere zikr mein
Toh kabhi teri dua mein
Hai tere saath
Tere yaadon ke gulistaan mein
Tere saaye mein hai
Aur tere rooh ke paas bhi
Tere pehle bhi hai aur tere baad bhi
Hai wahi jahan tune mujhe kaha tha thaher
Usi jagah par rahenge
Kal bhi aur aaj bhi

Teri Yaad Aana

Teri yaad aana to ek maamulat si lagti hai
Teri fariyaad karna to mehaz ek aadat hai ab
Shayad waqt mein bhi itna sabr na ho
Jitna sabr hum mein teri ek jhalak ke liye

Maamulaat: an unvarying or habitual method

Na Ab Jawaaz Ki Zarurat

Na ab jawaaz ki zarurat hai mujh se
Jab tune apna maankar yun paraya kar diya
Hamein ko shauq raha raasta badalne ka,
Jab tere raaste par hamara nishaan hi na raha

Jawaz: justification

Aaj Har Ek

Aaj har ek lamha
Har pal tumhara hai
Jo mango woh mile
Kuch aisa nazara hai
Khuda ne bheja tha tumhe
Aaj zameen par
Isliye aaj ka jashn
Bas tumhara hai

Furqat

Nahi dekh sakta teri ankhon mein nami
Tere dil mein dard ki jagah
Main banane nahi dunga
Beshak iske liye
Sukoon se furqat mile
Par teri zindagi se main khushi
Kabhi jaane nahi dunga

Furqat: seperation

Har Baar Tumhein Izhaar Karein

Har baar tumhein izhaar Karein
Yeh mumkin nahin
Kai baar ankhein chaar karein
Yeh zaroori to nahin
Tum ho wahi zindagi mein
Jahan tumhein rakha tha
Har baar yeh dil bayaan kare
Yeh zaruri to nahin

Tera Deedar Karna

Tera deedar karna ek aadat si ban gayi
Teri chahat meri zarurat ban gayi
Jab na lagaya tha dil tujh se
Tab main khud se alag tha
Ab jo tu mil gaya
Toh zindagi mein jeene ki wajah mil gayi

Ek Waqt Tha Jab

Ek waqt tha jab woh bewajah bhi humein yaad karte the
Wajah hoke bhi Kabhi aaj hum unhe yaad nahi aate

Mumkin Nahi

Jo hai
Uski qadar nahi
Jona ho
Uski chahat kabhi kam nahi
Mile har khwahish har talab
Zindagi ki mukammal ho jaye
Aye zindagi yeh zaruri nahi
Shayad mumkin nahi

Talab: requirement

Qafas

Qafas mein na rakho mere khwabon ko
Inko bhi udne ka haq hai beshak

qafas: cage

Mujhe Mohabbat Hai Tujh Se

Teri surat se nahi
Teri seerat se ishq tha hamein
Tere dil se nahi
Teri rooh se sukoon mila tha mujhe
Par ab na woh baat hai tujh mein
Na woh fitoor hai tera
Ki main khule-aam poori awaam ko keh sakun
Mujhe mohabbat hai tujh se

Jahaan Mein Har Jaam Ka

Jahaan mein har jaam ka ek apna nasha hota hai
Par aakhir aab ki talab se hi pyaasa khush hota hai

Aab: water

Maikhane Mein

Maikhane mein Kayi botle hai
Par har botal mein nasha nahi
Toh kyu peete ho sharab aye bashar
Kya zindagi mein koi jeene ki wajah nahi

Koi Kami Na Thi

Ek waqt tha jab teri zarurat bhi thi
Ek pal tha Jab teri aadat bhi thi
Par woh shayad mera kal tha tere saath jo beet gaya
Isliye mere aaj mein tere na hone se koi kami na th

Maang Lo

Maang lo is jahaan se tum kuch bhi
Par woh mile
yeh har baar nahi hota
Kyunki sahi waqt se pehle ya baad aye bashar
Kisiko mukammal noor-e-jahaan nahi milta

Ek Kami Si Hai

Kabhi qurbat thi tujh se
Kabhi doori bhi thi
Kabhi tere hone se gham tha
Toh kabhi khushi bhi thi
Ek woh waqt tha
Jab tere khyaal bhi kam padte the mere liye
Aur ek yeh waqt hai
Jab tera saath hone ke bawajood
Ek kami si hai

Kurbat: nearness

Ulfat

Ulfat ka khumaar hai ada
Zara sambhalkar is mein khud ko shaamil karna
Ek baar jo iski aadat lag gayi
Toh nahi hai aasaan is anjuman se nikalna

Ulfat: affection

Anjuman: association, gathering

Maikhane Mein

Maikhane mein Kayi botle hai
Par har botal mein nasha nahi
Toh kyu peete ho sharab aye bashar
Kya zindagi mein koi jeene ki wajah nahi

Mumkin Nahi

Jo hai
Uski qadar nahi
Jona ho
Uski chahat kabhi kam nahi
Mile har khwahish har talab
Zindagi ki mukammal ho jaye
Aye zindagi yeh zaruri nahi
Shayad mumkin nahi

Talab: requirement

Humko Zarur Aazmana

Koi takleef aa jaye tujhe
Hum se na chupana
Saath na de agar zubaan
Toh ankhon se batana
Har ghadi denge saath tera
Tu kabhi akela na hoga
Agar ulfat ki hai hum se
Toh humko zarur aazmana

Maang Lo

Maang lo is jahaan se tum kuch bhi
Par woh mile
yeh har baar nahi hota
Kyunki sahi waqt se pehle ya baad aye bashar
Kisiko mukammal noor-e-jahaan nahi milta

Yahi Kaafi Hai

Kuch zyada nahi
Maangti main tujhse
Tu mil jaye mujhe
Yahi kaafi hai

Haqeeqat

Ek tarfa pyaar kiya tha
Ek tarfa rishta jiya tha
Tu chala gaya beshaq meri zindagi se yun
Maine toh tere baad khudko
Haqeeqat mein haasil kiya tha

Samajh Gayi Thi

Samajh gayi thi
Yeh mohabbat ab unki nahi rahi
Jab mera ishq bhi
Iztiraar ki kaghar pe aa gaya

Iztiraar: helplessness
Kaghar: edge

Raghbat

Dekha palat kar usne
Ki raghbat usse bhi thi
Humne jisse ishq farmaya tha
Mohabbat kabhi humse usse bhi thi

Raghbat: affection

Woh Humsafar

Main dhundta raha tujhe
Har ek mein jiske saath tha
Har baar socha yahi
Woh humsafar iss baar mere paas tha
Nahi hua kuch aisa
Phir main wapas nikal gaya
Aaj tujhse mila aur jaana
Main aakhir ishq mein pad gaya

Waqt Sahi Na Ho

Waqt sahi na ho
Toh haalaton se kya ghila karein

Riwayat

Kayi dhoke mile the unse humein
Shayad yeh unke be-dil mijaaz ki riwayat hogi

Riwayat: tradition

Takhayyul

Takhayyul mein bhi na socha tha
Aapko paane ka
Aur aaj dekhiye
Aap saamne haazir hai

Takhayyul: imagination

Ek Tu Aur Ek Woh

Meri duniya basi hai teri hasraton mein
Teri zindagi mein basi meri kahani hai
Ek tu hai jisse mohabbat hai humein
Ek woh hai jo aaj bhi mere liye deewani hai

Ishq Mein Phir

Ishq mein phir kho jane ka jee karta hai
Iss haseen bhool ko phir dohrane ka jee karta hai
Ek tajurba hai jo kambakhth rok leta hai
Ek fitoor hai jo wapas jaane ki zid karta hai

So Gaye Hain

So gayi hai saansein
Ab rooh ko bhi jaana hoga
Dafn ho gayi hoon main
Ab ta umra aaram hoga

Ta umra: forever

Ab Roz Yaad Karte Ho

Meri lahad pe aate ho
Yun Phool chadhane
Ajeeb ho tum
Mere Inteqaal ke baad
Ab roz yaad karte ho

Lahad: grave
Inteqaal: death, mirgration

Jahan Ka Tu Bashindaa Hai

Jahan ka tu bashindaa hai
Woh zameen mere manzar mein na hogi
Sarhad beshaq hai humare beech
Par tujh se yeh dillagi kabhi kam na hogi
Itminaan rakh
Iss dil ne poori shiddat se chaha hai tujhe
Ek din to khuda ki kayanaat bhi
Tujhe paane ke liye, mere saath hogi

Bashindaa: inhabitant
Manzar: landscape

Woh Pehli Mulaqaat

Woh pehli mulaqaat badi haseen hoti hai
Saath beeti shaam badi rangeen hoti hai
Shab kat ti nahi, din yun guzar jate hai
Waqt dar waqt bas unke khyaal aate hai

Yeh Kya Kiya Aapne

Yeh kya kiya aapne hamare saath
Nisf ishq farmaya, aur yunhi chal diye

Nisf: half

Kya Ajeeb Insaan The

Kya ajeeb insaan the tum bhi, main kya kahun
Ta umra akela kar diya mujhe, khalwat ka bahaana dekar

Khalwat: privacy

Itni Mohabbat

Itni mohabbat hai tujh se ki dard hota hai
Kuch zakhm poshidaa
Toh kuch ka tujhe ilm hota hai
Ab raaz-e-dard kisko bayaan karun batade
Kyunki jis se umeed hai samajhne ki
Woh mera kamzarf
Mere haalat se anjaan bana
Idhar udhar phirta hai

Poshidaa: veiled

Jo Hoon Main Aaj

Jo hoon main aaj
Woh tum se hoon
Jo tum na hote
Toh main
main na hota

Unhone Pucha

Unhone pucha
Tajurba kahan milta hai
Humne kaha
Ibraton se pucho
Unhone kaha
Fitoor kahan milta hai
Humne kaha
Mohabbat se pucho

Ibraton: incidents that teach us lessons

Tajuraba: experience

Fitoor: madness for something or someone

Kyu Dhuye Mein Yun

Kyu dhuye mein yun
Har pal ko jee rahe ho
Zindagi toh jee lo usse pehle
Kahin woh na raakh ho jaye

Tu Dhundh Le Mujhe

Tu dhundh le mujhe har ek ki nazron mein
Par har ek mein woh nasha nahi hoga
Tu mera waqt Kabhi bhi kisi aur ko dede
Par woh shakhs har lamha tere paas hoke bhi tere saath na hoga
Tujhe jaanengey kayi log
Par har koi tera humdard na hoga
Aur jo mil gaya mujh jaisa koi tujhe
Toh yaqeen kar, woh mujh jaisa hoke bhi mujhsa na hoga
Main toh jaanta hoon tujhe
Teri fitrat se waqif hoon main
Isliye shayad kisi ke aane-jaane se mujhe koi fiqr nahi hai
Jomain hoon, woh koi aur kya hoga
Jo main nahi tha, toh koi aur toh hoga
Baskoshish toh hamesha yahi rahegi
Ki jo main tere liye tha, woh koi aur na hoga

Roz Dekhti Hoon Chand Ko

Roz dekhti hoon chand ko
Aur yeh sochti hoon
Hai agar chaandi iske saath
Toh kahin daagh bhi toh hai
Bas is khyaal se tasalli hoti hai
Meri zindagi mein gham hazaar hai
Par kahin khushi bhi toh hai

Yeh Toh Sach Hai

Yeh toh sach hai
ki maine mohabbat ki hai
Khud ko bhool kar
Tujhse beintehaan ki hai
Agar zamane ko lage
Mere ishq ne mujhe badal diya
Toh haan phir maine
Zamane se baghavat ki hai

Hausla Rakh Aye Dil

Hausla rakh aye dil
Jo chorr gaya woh tera kaha tha
Abhi toh puri zindagi baaki hai
Phir kisi ko apna banane ke liye

Ayat

Milke tum se jo saleeqa aaya
Toh zindagi ko sahi mayno mein Jeena aaya
Tumhari har seekh, kisi ayat se kam nahi
Jise yaad karke, maine aaj khud ki zindagi ko banaya

Ayat: sign of god's greatness

Darmiyaan

Shayad yahi farq tha hamare darmiyaan
Tumne har tareeke se apni nafrat aazmaayee
Maine har tarah se tumse mohabbat nibhayi

Darmiyaan: between, during

Teri Har Khwaish Ko

Teri har khwaish ko khushi se mukammal karenge
tu farmaish karna hum qubool karenge
Dillagi ki hai tujhse toh nibhayenge zarur
kabhi na kabhi, hum kahin toh milenge

Ek Waqt Tha Jab

Ek waqt tha jab woh bewajah bhi humein yaad karte the

Kya Zindagi

Kya zindagi
Tujh par ab aitbaar bhi kaise karein
Wafaa kisi aur se milti hai
Kambakth Nibhata koi aur hai

Aitbaar: the act of relying

Jo Hoon Main Aaj

Jo hoon main aaj
Woh tum se hoon
Jo tum na hote
Toh main
main na hota

Qurbat

Shayad zindagi aasaan hi thi
Agar khwaishein ke bhoj taqleef na dete
Aaj khud se itni qurbat na hoti
Agar log yunhi dhoka na dete

Qurbat: nearness

Ab Kise Dekhein

Ab kise dekhein yeh aankhein
Aapke deedar ke baad
Ab toh chaand ka bhi zikr hoga
Aapki khoobsurti ke baad

Fasaana

Ajeeb ishq tha apna
Jo fasana ban gaya
Jo main na hosaka uska
Toh koi aur ho gaya

Fasana: a tale, a romance

Ku-E-Yaar

Roz bhatakta hai woh aashiq
ku-e-yaar mein iss umeed se
uski mohabbat ki wajah ko
Ek talak dekhne ke liye

Ku-e-yaar: street of beloved

Tere Saamne

Tere saamne vasl kya, junoon kya, arzoo kya
Tu meri mohabbat hai
Yeh yakeen hi kaafi hai

Vasl: passion
Junoon: obsession
Arzoo: desire

Kya Ajab Ishq

Kya ajab ishq hua hai
tujhse mere mehboob
Tujhse mohabbat karne ke liye
Mujhe teri hi zarurat nahi

About the Book

Sannaz means "full of grace" which is unerringly how one can relate to Urdu as a language and shayari as a form of poetry. This book comprises of shayari's that are based on the concept of love, friendship, life and relationships that are prevalent for all of us. 'Sanaz' is an attempt to try and make you identify with your emotions through poetry and unite you with your inner self. It is a product of a vision to introduce young generation and soulful hearts to this rich heritage of art and keep it alive. Inspired from Persian and Turkish language, the title of this book essays 'glory,' 'elegance,' 'pride' and 'youth.' Sannaz is composed of Sann and az, meaning 'likeness' and 'few' respectively. The book aims to address readers who believe in 'expressionism from your soul.'

About the Author

Sagar Datta is an Indian creative entrepreneur. His passion for language was evident from a young age, as he delved into poetry and novels. He started writing at the age of 13 and kept penning his thoughts time to time thereafter. Having a desire to impact people, empathize with others and wanting to convey his feelings made him become a writer and poet. He has had several media accolades in leading newspapers and magazines along with an award of being 'best men's blogger' at Asian Paints Indian Decor Influencer Awards' 2016. He is a practising occult science and interior designing along with his other creative endeavours. He believes in the spirit of expressionism and self-discovery. After publishing his first book, he is now planning to write more poetry and self-help books. He resides in New Delhi, India.

Connect with Sagar Datta at:

Facebook: https://www.facebook.com/sagar.datta.75

Instagram: sagarkdatta

Also the author for the book #truebeing.

Now available in India on Amazon.in, Flipkart, Infibeam and Notionpress Store

Internationally available on Amazon.com

Ebooks are available on Amazon Kindle Kobo, Google Play and Apple iBooks.

Lightning Source UK Ltd.
Milton Keynes UK
UKHW040651180119

335790UK00001B/199/P